# 解決力を高める20の秘訣《ヒント》

浜口直太 Naota Hamaguchi

第三文明社

装幀／カズクリエイティブ
本文レイアウト／安藤　聡

# まえがき

最近、問題解決の本が売れているとのことです。

私も何冊か読ませていただきました。どの本もよく書かれていて、とても勉強になりました。ただ、一つだけ、自分にとって困ったことがありました。

それは、知識を増やす、またある問題解決の手法を学ぶには、どの本も素晴らしいのですが、その内容のほとんどがよくわからなかったのです。

著者の問題ではなく、私の理解力が悪いからなのです。それで決めました。

「誰が読んでもわかる問題解決の本を書こう！」と。

ですから、この本は高度の問題解決方法を紹介したものでもなければ、理論的なことを説明したものでもありません。

ただ、誰もが毎日生活する中で直面する諸問題を、どう見て、どう乗り越えていくかの分析と説明を試みたものです。なので、一種の「人生相談書」のようなものです。

私がこの本を書く上で一番心がけたことがあります。

それは本を読むのが苦手な人にも理解し、楽しんでいただけるよう、できるだけわかりやすくすること。さらに、読み終わった後で、問題解決のための勇気とやる気を出していただけるようにすることです。

「よし、この著者でさえ人生における様々な難問を乗り越えてきたのだから、私も諦めず挑戦を続けよう！」と。

従って、一人でも多くの読者がそう思っていただければ、この本を出したことでの私の使命は果たせたことになります。本当に一人でも、この本で勇気とやる気を出してくださったら、こんなに嬉しいことはありません。まさに著者冥利に尽きるとはこのことです。

生きている限り誰もが一生問題だらけです。私も死ぬまで問題と格闘し続けることでしょう。その意味では皆さんとまったく同じです。ですので、これを機に、この本に紹介した方法や考え方も使って一緒に、問題を乗り越えていきませんか！

二〇一三年一月

浜口直太

解決力を高める20の秘訣《ヒント》【目次】

コラム よくある実践問題のために

# 第一章

# 問題解決の手段

秘訣《ヒント》

# 01

# 問題の本質を理解しよう

「おたくのピザはぬるいよ！」

私がイタリアンレストランを経営していた時の話です。レストラン開店当時からのお客さまが、従業員にこう言い残して帰られたことがありました。

応対した従業員は、料理の温度には個人的な好き・嫌いがあるから、たまたまそのお客さまがそう感じただけだろうと、クレームを放置し、私にも相談せずにいました。

しかし、その様子を見たアルバイトさんが、「何かおかしい」と感じ、その問題を調べ始めたのです。開店当時から来店いただいているお客さまが、突然温度へのクレームを言うのは、確かに変です。

ピザを焼くオーブンの温度設定は、社内の規定通りになっていました。しかし、ピザの温度を測ってみると、若干《じゃっかん》ではありますが、規定より低くなっていたのです。よくよくチェックしたところ実はオーブン自体が故障していました。

イタリアンレストランにとって、ピザの味は生命線。幸いにも、店は一人のアルバイトさんの正しい問題意識によって救われました。

この例だけでなく、「直面する問題をどう見るか、また問題の本質をどう探究するか」によってその後の結果は大きく分かれてしまいます。

これは経営の場だけでなく、日常生活においても同じです。私達は毎日問題にぶつかります。そして面白いことに同じ問題でも、ピザの例のように、人によって受け取り方が違うのです。

例えば、ポジティブ、つまり前向きな人にとっては、「何だ、これなら一挙に解決させるぞ！」という具合に、大した問題としては映りません。かえって問題があることによって、余計にファイトが沸いて頑張れるのです。

しかし、ネガティブ、すなわち後ろ向きな人の場合はまったく逆です。些細《ささい》なことでも大問題に。その問題が気になって気になって前に進めなくなります。問題に押し潰《つぶ》されそうになる人もいるでしょう。

また、同じ人でもその日の体調や「生命状態」、要するに精神状態にも影響されます。体調が悪ければ、気持ちも沈み、気分も良くないですから、体調の良い時と比べると、同じ問題でもより大きく感じ、より深刻になります。

同じ問題なのに、抱える人によって、またその時の精神状態、状況によってこれだけ違うのです。

それでは、私達にとって問題とは、何なのでしょう？　問題が起こることは悪いことなのでしょうか？

そもそも生きている限り、私達人間は毎日嫌でも問題に直面します。問題は避けられるならば避けたいことでしょう。でも、避けられません。生きている以上、必ず問題は出てきます。それも毎日毎日。生きている証拠でもあるのですから。

ですから、観念した方がいいのです。ただ、それだけでは受身の暗い人生となってしまいます。むしろ、問題を積極的に全面的に全身で受け止め、解決する努力のプロセスを楽しむくらいの気概を持ちたいものです。強い決意を持って問題解決に当たるのです。でもそれがなかなか難しい。

実際のところ、**解決するために、体当たりで問題にぶつかっていけば、問題解決のプロセスは結構楽しいもの。最初は慣れないので大変だと思いますが、何度も繰り返していくうちに、乗り越え方のツボがわかってきて、問題解決のプロセスが本当に楽しくなってきます。**

また問題にぶつかるということは、真面目にちゃんと生きている証拠なのです。何もしないでボーッと生きていれば、問題にぶつかることも少ないでしょう。なんとなく生きているので、問題であることすら自覚できないでいる人も多いようです。**ですから、問題があること**

**は悪いことではありません。むしろいいこと。問題が出てくるということは、何かに挑戦しているから。**

前述のアルバイトさんのように、「お客さまに満足して帰ってほしい！」という思いがあったからこそ、クレームという問題に挑戦し、店を守ることができたのです。

従って、大いに問題を持つべき。そして、逃げないで解決に向けてどんどん対処するべきです。成功した人、幸せな人は、問題がないのではなく、一つひとつの問題を前向きかつ勇敢に根気強く解決していった人なのです。

**問題は人間を成長させるためにあるもの。要するに問題の起きない人は成長できません。**

世界的な偉人達は皆、生涯大問題に次ぐ大問題に直面してきました。

それも命にかかわるような。その一つひとつを乗り越えていく中で、人間として大きく成長しました。

さらにいうと、問題には良いものと悪いものがあります。

**良い問題は、乗り越えようとする中で、悩み苦しむため、自身が起こした問題の原因となる言動を反省させてくれるものです。**「もう二度と同じ問題を起こさないよう言動を慎《つつし》もう！」と深く深く反省させられるもの。つまり、解決しようとする中で、人間的に成長させてくれる問題です。

悪い問題は、テクニックだけで解決できてしまうものです。ですから、解決できても、反省もしなければ、謙虚になることもありません。要するに人間的にも成長できないのです。そんな問題は何回解決しても、人間としての本物の力はつきません。

もちろん、どんな問題も解決していかなければなりませんが、テクニックを使って解決できたとしても、問題を軽んじたり、傲慢《ごうまん》になったりしないようにしましょう。

逆に解決できたことに対して、感謝の念を持ちたいものです。どうしても避けられないのが問題です。いい意味で開き直り、真剣に全力で対応していきましょう！

そのためには、問題に対して後ろ向きに考えるのではなく、成長の糧《かて》として前向きに捉《とら》えましょう！ **問題は避けるためにあるのではなく、解決するためにあることを肝《きも》に銘《めい》じたいものです。**

## 秘訣《ヒント》01のポイント

問題が出てくるのは挑戦している証《あかし》

良い問題・課題は必ず自分を成長させてくれる

問題解決のコツを知ってプロセスを楽しむ

秘訣《ヒント》

# 02

# 問題発見——「何が問題なのか？」

問題を解決するためには、まず何が問題であるかを正しく把握《はあく》しなければなりません。よくあるのが、問題だと思っていたら、実は全然問題でないのです。つまり勘違い。

反対に大変な問題であるにもかかわらず、気がつかず放ったらかしにしたため、手遅れになり、取り返しのつかない大問題になることもあります。一言で言うと、「早期発見の努力を怠《おこた》ったために起こるつ、け」です。

例えば、突然の職場解雇、会社倒産、離婚、交通事故、重病、大怪我、犯罪、火事、災害等々の問題。あげれば切りがありません。

**ここでとても大事になるのが、問題発見能力です。わかりやすく言うと、毎日起こる現象から問題になることと、ならないことを正しく判別する能力です。**

これが実に難しい。でも、成功している人とそうでない人の大きな違いの一つが、この問題発見能力なのです。

もちろん、発見しただけではダメ。その後、迅速《じんそく》に対応して解決できるように行動しなければなりません。

私の友人のケースです。彼は仕事で忙しく、毎晩のように深夜まで残業をしていました。帰宅してから、プレッシャーと疲れをとるため、大好きなお酒を大量に摂取。毎日どこに行くにも移動は必ず車なので、超運動不足でした。またヘビースモーカーで、日中各取引先までの五時間以上は、いつもきまって車内で喫煙。さらにストレスからか一度にたくさん食べるため、どんどん太っていきました。血圧、血糖値、コレストロール値が高く、医者からそれらの数値を下げるために、出されていた薬を飲んだり飲まなかったり。そんな体に悪いことばかりしていた彼は、ついに突然脳梗塞《のうこうそく》で倒れてしまいました。

彼の問題は、病気になったことではなく、いつ倒れてもおかしくないくらいの不健康、不摂生《ふせっせい》な生活を続けていたことです。そんな生活を続けていれば、どんなに体力のある人でも、遅かれ早かれ病気になったことでしょう。

脳梗塞から一命を取り留めた彼は、大反省し、今は極めて健康的かつ規則的な生活を送っています。

それでは、何を基準に問題を発見すればいいのでしょう?

**一番簡単な基準は、そのことで困ったり、苦しんだりしていることです。それも一時的なものではなく、解決しないとずっとつきまとってくること。それこそ早く解決しないと、ずっと悩まされ続けるのです。苦しみ続けます。**

問題発見でポイントになるのは、いち早く問題であることを察知・自覚し、解決に向けて動くことです。

そのためには、**向上心を持つことが重要です。向上心を持とうとすると、現状でいいのかを絶えず自問自答しますから、問題の発見につながります。**

二十年以上も前の話です。潰《つぶ》れかかっているホテルの問題点を、経営コンサルタントとして診て欲しいと友人であるオーナーから直接頼まれました。それで、ホテルに客を装って泊まりました。

そうしたら、問題点が出てくる出てくる。その多さに私は唖然《あぜん》としました。

こんなに接客がダメならば、どんなに施設・設備が素晴らしく、部屋から見える景色が綺麗《きれい》なホテルでも、一回来たら二度と来たいとは誰も思わないことでしょう！

一番驚かされたのは、お客さまのクレームが多いのにもかかわらず、支配人や従業員に問題点を聞いても、何が問題かほとんどわからないのです！　いかに働いている人たちに向上心がないか、痛感しました。

私は彼らに言いました。

「皆さん、宿泊客としてこのホテルに泊まったことを想像してみてください。宿泊客として、してもらいたいこと、あったらいいこと、つまりまた来ようと思わせるようなことをどんどん考え発見し、すぐにやってみてください。またクレームがあったら、お客さまからのラブレターやプロポーズと思い、すぐに誠心誠意対応し、二度と同じクレームがないよう努めてください。それだけでも、このホテルは同じホテルとは思えないくらい見違えるように良くなりますから！」

たったそれだけ実践したそのホテルは、あれほど大赤字であったにもかかわらず、六ヵ月で儲《もう》かり始めたのです。

ホテルが劇的に良くなったことを聞いて、言い出しっぺの私も、感動で言葉を失いました。

秘訣《ヒント》02のポイント

何が問題なのかを見つける問題発見能力を持つ

常に向上心を持つことで、問題発見能力が磨かれる

早く解決すべき問題とは、一時的ではなく常に悩まされている問題

秘訣《ヒント》

# 03

# 問題分析——「なぜ問題か？」

問題を発見した後、解決のためには、それがなぜ問題なのかを、まず徹底的に考えるべきでしょう。

問題が起きる場合、一見たまたまのように思えるかも知れませんが、それは偶然ではありません。必然なのです。

**「原因結果の法則」又は「因果《いんが》の理法《りほう》」、つまり「結果にはすべて起こるべき原因がある」というユニバーサルな法則が、現実には存在し**

**ます。**

**ですから、あなたが今何かの問題で悩み苦しんでいるとしたら、実はその原因を過去に起こしています。**

そう指摘すると必ずこう反論してくる人がいます。

「そんなバカな！　私は悪いことは一切してきていないのに、こんなに悩み苦しまなければならないなんて。悪い原因を積んでもいないのに、何でこんなに悪いことばかり私に起こるのですか？　悪いことばかりしている人を知っていますが、何で彼らは成功して幸せそうなんですか？『原因結果の法則』がもし存在しているとしたら、こんな不公平なこと変じゃないですか？」

変じゃありません。

自分が過去に行った悪い原因になっていることを忘れているか、自覚がないだけで、現在の悪い結果をもたらした原因が必ずあります。

私は社会人になってから、よく人にバカにされました。頭が悪いのはよくよくわかっていましたが、周りの人の足を引っ張らないように、邪魔にならないように、人よりも一生懸命努力しました。

でも、なぜだかバカにされ続けていました。

ですから、毎日とても悩み苦しみました。毎朝会社に行くのが嫌になるくらい。

そんな時です。慕《した》っていた先輩に相談したら、一言。

「それは原因があるね。君は同じようなことを誰かにしたに違いない」

「え、まさか！　先輩もおわかりのように僕は昔から頭も要領も悪いので、とても人のことをバカにできるような立場ではなかったのですが……」

先輩は不思議そうに聞くのです。

「うーん、本当か？　本当に過去に人をバカにしたことはないか？」

「あ！　たった一人したことがあります。それもかなり長い期間。でも家族ですが」

「それだ！　誰？」

「姉です。あんまり、バカバカしいことを言ったりやったりしているように見えたので。ただ、幼稚園や小学校に行っていた頃ですよ？」

「時期や相手が誰であるかは関係ないよ。確かに君は一人の人間を長期間バカにしていたんだから。それじゃあ、悪い原因を十分積み重ねているよ」

大反省した私は、すぐに姉に連絡を取り、当時のことを詫《わ》びたのです。

そうしたら、姉はそのことをずっと覚えていたので、泣き出しました。そして声を詰まらせながら、語ったのでした。

「ありがとう！　実はそのことでずっと傷ついていたのよ。いつか気づいてくれないかなあ…って願ってた。でも、これで私の気持ちはフッ切れた。あなたを心からいい弟と思えるようになったわ」

まったく不思議なのですが、この事件の後、徐々に人からバカにされなくなったのです。ある同僚はいみじくも言いました。

「お前は、前は一人でただ一生懸命なだけで、空回りばかりしていたけど、最近は気を使って周りに合わせようとしているね」

それを聞いて痛感しました。これまで自分のことで一生懸命なあまり、周囲に対して自己中心的になっていたのだと。姉と向き合うことで、やっとそのことを自分で認識することができたのです。やはり自分で悪い原因を作っていたのです。

秘訣《ヒント》03のポイント

問題は偶然ではなく必然的に起きている

「原因結果の法則」「因果《いんが》の法則」から原因を見つける

コラム　よくある実践問題のために①

# 有能な秘書がミスを連発した本当の理由

恋愛の最中に、彼氏や彼女と問題が起きたら、精神的にかなりのダメージがあります。特に女性の場合は、相手のことが好きであればあるほど、何も手に付かないくらいの影響を受けます。

昔私にはとても優秀な秘書がいました。彼女の仕事での処理能力は抜群でした。ところが、出社したばかりから、ミスばかりする日がありました。たまたまその日は体調が悪かったのだろうと思っていたら、次の日も相変わらずケアレスミスを繰り返すのです。

よくよく彼女を見ていたら、作業と作業の合間に、ボーッとしているのでした。あれほど集中力のある彼女からすると信じられない光景でした。

その時、彼女の同僚秘書がそっと私に教えてくれたのです。

コラム① 有能な秘書がミスを連発した本当の理由

彼氏が浮気をして別れようかどうか、毎日考えているのだということを。

私は驚きました。あんなに優秀な彼女が、恋愛の問題で、集中力を欠いてしまい、ミスを連発するという事実に。

人間は「感情の動物」です。私達は毎日忙し過ぎて、この真実をついついい忘れがちです。ですから、たかが恋愛のことですが、感情に支配されている人間である以上、関係が上手くいっていないと、他の面でもかなり影響させられます。動揺させられるのです。

それでは、恋愛の問題をどのように克服したらいいのでしょう?

まず、肝《きも》に銘《めい》じなければならないことがあります。例え愛し合っている間柄でも、考え方や生い立ちがまったく違う赤の他人です。様々なことで、理解できないこと、誤解してしまうことが出てくるのは当然でしょう。

逆に問題が起きない方が不自然です。つまり、付き合い始めたと同時に、お互いの忍耐力テストも始まるのです。

そのテストにお互いが合格したカップルだけが、人生のパートナーとなるのです。ですから、問題が起きること自体は、大いに結構なことなのです。

ポイントは、問題が起こったら、どちらか一方の責任にしないで、お互いに協力し合って、解決していくこと。

協力し合えば、もう解決したのも同然。お互いの気持ちが一つになりますから。

解決方法については、ケース・バイ・ケースです。

起こってしまったことを、一方的にただ追及・非難することだけは避けなければなりません。

世の中すべては原因結果の法則で成り立っています。

従って、例え一見自分に非がないように思えても、それによって悩んだり苦しんだりしたら、実は自分にも非はあるのです。少なくとも、そのように悩み苦しまなければならない原因を作っているのです。

ですから、被害者に思えても、その結果を生む原因を起こしたことを自らが反省し、同じことにならないようにするため、相手と一緒に協力して乗り越えていく努力をしなければなりません。

そうすることで愛情が深まり、さらなる絆ができることでしょう。

秘訣《ヒント》

# 04

# 解決方法のための仮説を立てる

問題を解決するためには、仮説を立てなければなりません。

仮説とは、文字通り、問題を解決するために、なぜ起こったのか、どうしたら解決できるのかについて、仮に立てる説です。仮説を立てなければ、どうやって解決するのかも決まりません。仮説に従って解決方法を決めていきます。

例えば、経済的に厳しい共働きをしている若夫婦がいるとします。

まだ子供のいない二人の夢として、子供ができる前に、できるだけ早くマイホームがほしいのです。が、二人とも一生懸命働いているのにもかかわらず、今の収入では、アパートの家賃を払うのがやっとで、全然お金が貯まりません。カップルは毎日悩み葛藤《かっとう》します。

「どうしたら、この経済苦から脱せられるのだろう？」と。

この経済苦という問題の解決のための仮説はどうなるのでしょう？

まず、明確に言えるのは、出費に対して、二人の収入が少ないということです。しかし、これはさらに分析してみる必要があります。

二人の収入が本当に少ないのか、また、そもそも出費が多過ぎるのではないかという疑問がよぎります。

一般的な常識で判断すると、二人が共働きなのに全然貯金ができないことは、不思議としか言えません。二人とも真面目に頑張って働いているのですから、ある程度、貯金ができるのが自然。となると、出費が多いという仮説が立てられます。

その仮説に基づいて、導かれる一つの解決策があります。

それは、マイホームの頭金を貯めるために、贅沢《ぜいたく》や余計な出費はできるだけ抑える努力をすること。

一番手っ取り早い解決方法は、守るべき目標として毎月の出費額を決め、それから逆算して毎日の出費額も決める。そうすることで、それ以上お金を使わないよう実践するのです。

もし、夕方までに使い過ぎたら、夕食では倹約する。例えば、外食をせず、自宅にある残り物などのあり合わせで、簡単な料理を作る。

こんなちょっとした工夫と我慢を続けていけば、アッという間にマイホームの頭金くらいは、貯まるものです。

仮説を立てる際に大事なのは、現状を維持した場合の問題点を細かく分析することです。そして、その分析において、何で問題が起きているのかを明確にしていくのです。

秘訣《ヒント》04のポイント

現状を維持した時の問題点をあげる

問題点からその原因を見つける

秘訣《ヒント》

# 05

# 解決策の発見
## ——「どうしたら解決するのか？」

問題を発見し、なぜ問題なのかがわかったら、次は解決方法を見つけなければなりません。問題を発見して分析までしかしなかったら、どうでしょう？

前向きな人生を歩む観点からすると、意味がありません。評論と批判で終わってしまうことが多々ありますから。問題は解決するために発見するのです。

問題解決方法の見つけ方には色々あるとは思いますが、ここでは私の発見法を紹介します。

最初に、同じような問題を抱えていた人がどうやって解決したのかを調べます。その際、ご本人に聞ければベスト。

しかし、ほとんどの場合、難しいでしょうから、**本などの出版物やインターネットで情報収集します。**

その上で、**人生経験のある師匠・上司・先輩に相談することです。**その話のやりとりから、いいヒントや方法を思いつくことが往々にしてあります。

また、既に解決方法を見つけている場合、これで再確認をするチャンスとなります。

最後に、一つ目の経験者や出版物やインターネットからの情報と、二つ目の人生の先輩からのアドバイスを精査し、自分なりの方法を考え出すことです。

体験から言わせていただくと、人それぞれ状況が違いますから、単に違う状況にいる人のやり方をすべて真似《まね》するよりも、応用して多少自分なりのやり方でやった方が、上手くいくことが多いものです。

どうしたら解決するのかを真剣に掘り下げて考えれば考えるほど、その後の行動が変わってきます。つまり、問題意識を持って、自然と普段の言動を見つめ始める習慣がつくのです。無駄なことはないか、不合理なことはしていないか、空回りしていないか、勘違いしていないか等々、冷静に客観的に見直し、確認し始めます。

これはとてもいいことで、問題解決能力の基盤ができていくことになります。というのは、問題は普段の自分の無意識な、また軽率《けいそつ》な言動が基になって起こることがほとんどです。ですので、それがわかれば、問題も半分解決できたも同然。

ちなみにこれまで私は、様々な問題で悩み葛藤《かっとう》してきました。受験、学校生活、就職、仕事、独立、結婚、経営等々。その度に、本を読み、師匠・上司・先輩に相談してきました。本を読み、人生の先輩にアドバイスをもらうことで、どれほど助かったことでしょう。

往々にして具体的な解決方法は、一人で考えてもなかなか出てこないことが多いもの。ですから、ヒントやアドバイスが必要不可欠なのです。

私は小さい頃から理解力と記憶力が極端に悪かったため、進路にはいつも悩まされてきました。

「自分のような人間でも、楽しく頑張れる職業があるのだろうか？」

と。

たまたま高校三年生の時に出会った国際経営コンサルタントの方に相談に乗ってもらったことがきっかけで、その仕事に憧《あこが》れてしまいました。

皆と同じようにサラリーマンをやるより、希少《きしょう》価値のある国際経営コンサルタントという職業を目指した方が、成果が出るのではないかと。結果として、大学を出てから、現在まで三十年以上経ちますが、その道一筋でやってきました。

今では、あの時、人生の先輩である国際経営コンサルタントの方に相談して良かったと感謝しています。早くから具体的な目標を持ち、挑戦を始められたからです。

秘訣《ヒント》05のポイント

本などの出版物やインターネットで情報収集

人生経験のある師匠・上司・先輩に相談する

秘訣《ヒント》

# 06

# 解決策の実行
## ――「効果的効率的に行うために」

問題解決で一番難しいのは、解決策を見つけることではありません。見つけた解決策を実行すること。なぜなら、解決策をすぐに実行しても成果がなかなか出ないので、とにかく忍耐力がいるからです。言ってみれば、夢中になってやり続けることが必要なのです。

解決策といっても、一つのことをしていればいいというわけではありません。解決に結びつくであろうと思えるありとあらゆることをや

**ります。それもできるだけ迅速《じんそく》に勢いよく、です。**

例えば、会社経営において、お金がなくなったとします。まず、資金集めを至急しなければなりません。それも思いつくありとあらゆる方法で、です。

銀行からの融資。親族、友人、知人からの借入れ。私募債《しぼさい》の発行。第三者割当増資、つまり第三者に対して会社の新しい株式を発行することで資金を集め、資本金を増やす。

これらは会社に入れるお金を事業収入以外で増やす方法です。手っ取り早いということで即効性はありますが、そもそもの本業での売上を増やすこと、これは必須《ひっす》です。

経営コンサルタントである私は、経験上いつも言います。

「最善の資金調達方法は、現金売上を増やすこと」と。

会社にお金を残すためには、融資や増資もいいですが、それはあくまでも一時的なものです。コンスタントな収入ではありませんし、使ってしまえばそれで終わり。継続的にお金を残していくためには、事業自身を伸ばすこと、要するに売上を増やし、その現金回収をしっかりやっていくことです。

ですので、売掛金の回収もきちんとやっていく必要があります。売りっぱなしで、その対価としてのお金がもらえないのであれば、何のための売上かということになります。

会社にお金を残すために、絶対に忘れてはいけないことがあります。それはすべての面でコスト削減を実行していくことです。すなわち、収入を生まないことでの余計な出費を排除すること。

具体的には、無駄な光熱費、営業につながらない接待費、使いすぎる文具・コピー代等々、チェックすればいくらでも出てきます。

ここで大事なのは、入ってくるお金を最大にし、出ていくお金を最小限に抑えること。それも効果的効率的な観点から判断して、です。ただ、やみくもに増やしたり、減らしたりしては、無理がたたり長続きしません。

つまり売上を増やすために必要な経費を削ってしまえば、入ってくるお金が減りますから。単に、費用削減をやればいいということではありません。

売上につながらない費用だけを減らすということなのです。

秘訣《ヒント》06のポイント

一つの解決策にこだわらず様々な方法を実行してみる

見つけた解決策を勢いよく速《すみ》やかに実行する

成果が現れるまで忍耐強く実行する

コラム よくある実践問題のために②

# ベトナム難民所で生活の糧を得る！

人間にとって危機的な問題の一つは、生活ができるかどうか、すなわち、毎日生きていけるかどうかです。

私は米国にいた際、ベトナム難民村で、ボランティア活動として「人生相談所」のようなものを行っていました。そこには毎日たくさんのベトナム人が訪れました。

そのなかに、トランという一人の男の子がいました。彼の話を聞けば聞くほど、どれほど悲惨な状況に彼らが置かれているのがよくわかり、胸がつまりました。

とにかく、家族は行方不明、住む場所がない、今日食べるものがない、仕事がない。まさににっちもさっちもいかないひどい状況だったのです。

トランとは気心も合い、お互い「夢」

を語らい合いました。彼には医者になりたいという夢があり、私には米国の有名なコンサルティング会社に入るという夢がありました。会うたびに「頑張ろうよ！」と励ますものの、彼の生活状況をどう良くしていいのか、また、私の就職活動についてもお互い途方に暮れる有様でした。

悩みに悩んだ私は、一つの方法を見つけました。

「仕事が見つからないのなら、作っちゃえ！」と。

それで思いついたのが、洗車のサービス。

野原に落ちていたバケツといらなくなったタオルを使って、目の前を走っている車を対象に洗車をするのです。捨てられていたダンボール箱を拾い大きな字で、「米国中で一番安く、最高の洗車サービスはいかが？」と書いてプラカードに。そして皆で道路の脇に立ち、そのプラカードを頭の上に持ち上げて、客の勧誘を始めました。

もちろん、働くスタッフは、トランはじめ全員無職のベトナム人。大声でアピールしてもお客さまはまったく来ません。おそらく我々が貧相《ひんそう》な格好をしているので、いかがわしく見えたのでしょう。段々皆やる気を無くしていきました。でも、できることはそれしか思いつきません。生活のためにはやるしかないのです。

一日数台しか来ない車に皆で寄ってたかっては、一生懸命、スピーディーに、でも丁寧に洗車をしていきました。来る日も来る日も。

そのうち、「あそこのベトナム人の洗車は安いのに速くてきめ細かくて上手だ」という噂《うわさ》が広まり、お客さまがどんどん来るようになりました。遂《つい》には絶えず車の行列ができるくらいに。

ですから、お金もどんどん入ってきて、全員がその仕事で生活できるようになったのです！

この経験から学びました。生活に関して問題が起きたら、まず収入を得る方法を考え、とにかく実行してみる。一見バカげたことでも、一生懸命皆で力を合わせてやってみると、意外に成果が出たりします。

生活の問題は、とてもシビアです。場合によっては、生きるか死ぬかの瀬戸際のことに。なかなかいいアイディアが浮かばず、考えれば考えるほど、落ち込むことでしょう。

しかし、大事なことは、絶対乗り越えると決意するのです。例えまったく当てがなくても。

なぜ、乗り越える決意をすると、生活の問題が解決できるのか、わかりますか？

それは強い決意には強い精神が宿り、強い精神には、強烈な行動力が伴うからです。その強烈な行動力を発揮した時、周りの人を魅惑し、必ず応援やアドバイスしてくれる人が出てくるものです。

ある日、生活の糧を得たトランが新聞の切れ端をもってきました。

「お兄ちゃんの行きたい会社ここだろ。今求人しているよ」

切れ端を受け取った私は驚きました。私が目標としていた有名コンサルティング会社の求人広告がそこにはありました。どうしたら入社できるのか、いつもいつも考えていたチャンスを、励ましてきたトランがもって来てくれたのです。

一か八かのチャンスで、私はその求人に応募し、そして四カ月後にはその会社で働き始めることになりました。

私の経験を通じて再決意したトランも、働きながら一流大学医学部を突破し、見事に医者になったのでした！

トランと私のこの経験は、今考えても「奇跡的」な話ですが、共に乗り越えることを決意したことで起こった「必然の結果」だったのだと思います。

第二章

# 幸せになるための問題解決法

秘訣《ヒント》
# 07
## まず人の相談に乗る

自らの問題を解決するのに、ぜひお勧めしたいことがあります。**それは他人の相談に乗ることです。**

他人の相談に乗ると、とてもいいことがあります。

私達は、いつも自らの問題で頭がいっぱいです。ですから、**他人の問題解決を考えることで、ついつい失いかかっている客観性を取り戻せるだけでなく、余裕を持って問題を見ることができるのです。**

## 07 まず人の相談に乗る

毎日自分の問題で悩み苦しんでいると、段々客観性や冷静さを欠いてしまいます。その失われた客観的なものの見方や冷静さを、他人の問題を分析することで取り戻せるのです。

私はこのことを数え切れないくらい体験してきました。

また、様々な問題の相談に乗ることで、自分が置かれている環境に感謝できるようになります。なぜなら、人が悩んでいる問題を自分が持っていないことで、自分がいかに恵まれているかを思い知らされるからです。

私は昔から多くの人の相談に乗ってきました。

今は亡き母が人の世話好きで、何の得にもならないような他人の人生相談によく乗っていました。保険の外交（営業）をしていましたので、元々保険の営業のために会うはずだったのですが、保険の「ほ」

の字も言わないまま、人生相談に乗るのです。

なぜだかその相談の場となる喫茶店やレストランには私も連れて行かれました。話し始めると、小学生だった私は、黙って相手を見つめていました。

相談を持ち込んできた相手の方が、突然泣き出すことは常で、それを見て私は思うのです。

「大人って大変そうだなあ。このままずっと子供でいられたらいいなあ……大人になんかなりたくない！」

でも、その不幸な相談話を聞きながら、子供ながらに自らの恵まれた環境に感謝している自分がいました。

不思議なことに、その感謝の思いで、その後、勉強や親へのお手伝いに頑張れるようになっていったのです。

もしかしたら、母はそれを狙《ねら》ってわざわざ私を相談の席に連れていっていたのではないでしょうか。いや、そうに違いありません。

秘訣《ヒント》07のポイント

自分の問題解決のために他人の相談に乗る

他人の問題を知ることで自分の問題を客観的に分析できる

秘訣《ヒント》

# 08

# 徹底して相手の話を聞く

自らの問題を解決するのに、人の相談に乗るのが効果的であることを、私は体験的に学んできました。

ただ、単にボーッと話を聞いているのではダメです。一生懸命聞いてあげないと。それも、本当に相手が言う通りだと思えば、相槌《あいづち》を打つ。また、わからなければ、わかったふりをしないで、その場ですぐに聞くのです。

そんな真剣かつ誠実な態度で聞いていると、相手はとても話しやすくなり、あなたのことを大好きになります。自分のことを一生懸命理解しようとしてくれているのだとわかるからです。

人間は自分のことを理解しようとしてくれる人のことを、例え初めて会ったとしても、好きになります。ですので、心を開いて本音《ほんね》で語ってくれます。そうすると相手の問題がよく見えてきます。

**実は相手の状況説明を聞いていると、往々にしてその中に解決策のヒントが隠されているものです。**

相手がどうしたいのかを探り、その実行を後押しすることで、問題が解決することがよくあります。どうしたいのかを何となくわかっているにもかかわらず、相手は頭の中が混乱しているため、気づかないのです。自分が一番自分のことを知っているにもかかわらずです。

ですから当事者である相手の話をまず徹底して聞くことが、正確な状況把握《はあく》になり、さらに問題解決へと結びつくのです。

この一連のプロセスは、あなた自身の問題解決のためにも有効なのです。同じように、今度はあなたが他人に問題をわかるように説明しようとすると、状況を客観的かつ冷静に見ないと、上手く説明できないからです。

それまでパニック状態で客観性や冷静さを失っていたため、大問題のように思えたことでも、他人に説明し始めてみると、意外に大した問題ではなかったり、また解決策が頭に浮かんできたりということもよくあります。

ですので、**大いに人の相談に乗り、徹底して話を聞いてあげてみてください。そこで学んだ一連のプロセスや考え方は、自分の問題解決**

にも大きく貢献することでしょう。

秘訣《ヒント》08のポイント

相談を親身に聞くことで、相手の本質的な問題が見えてくる

他人の問題解決のプロセスを知ることが自分の問題解決にも貢献する

秘訣《ヒント》 09

# 相手の心に同苦（同情）する

自らの問題を解決するのに、人の相談に乗ることがとても有効な方法となるわけですが、その際、徹底して相手の話を聞くことの証《あかし》として、同苦してあげることが重要となります。

「同苦」とは、そもそも仏教で頻繁《ひんぱん》に使われる言葉です。漢字の通り、「苦しみを同じくする」こと。

つまり、**相談しに来た相手が、悩み苦しみながら状況や問題を説明**

**した時、他人事として聞くのではなく、同じように、まるで自分のことように悩み苦しんであげること。**

ですので、同苦に近い一般的な言葉を選ぶとすれば、同情となるのでしょう。

これは誠心誠意相談に乗ってあげないと、とてもできることではありません。

一番いいのは、相手の問題を本当に自分の問題として捉《とら》えること、つまり相手が置かれている状況に自分も身を置いてみることです。要するに、他人の問題として捉えているうちは、切迫感《せっぱくかん》も危機感も持てないので。

ところが、一度自分に相手のその問題が起こっていると受け止めると、さあ大変。今度は、自分が悩み苦しみ、葛藤《かっとう》をし始めます。

ここでポイントになるのは、他人の問題を本当に自分の問題として捉《とら》えられるかどうか。そう思える理由は一つです。

本気で相手に良くなってもらいたい、また幸せになってもらいたいと思えるかどうかです。

相手が愛する人、例えば恋人、夫（妻）、親、子供であれば、心からそう思えることでしょう。そこには無償の愛情が存在しますから。

でも、赤の他人に対して同じように思えるか、です。

普段からどんな人間の命も大切だと考えている人には、そう思うことは自然でしょう。その考え方には、他人も自分も同じ人間だから変わらない、他人に起こることは、自分に起こりうるという発想があります。

ですから、他人に起こったことは他人事ではありません。

また、赤の他人でも、同じ人間である以上、愛情を持って接することができるか、です。

それができる人は、他人に起こる問題が自分の問題として捉えられますから、様々な問題への解決をいつも模索《もさく》することになり、問題解決において、とてもいい訓練になるでしょう。

私の友人にもいますが、そんな人は、自然に「問題解決の達人」になっています。

## 秘訣《ヒント》09のポイント

他人の問題に「同苦」することで、多くの問題解決法を経験できる

他人の相談に乗ることで自然と「問題解決の達人」になる

コラム

よくある実践問題のために③

# 友人とのトラブルに発展したら…

友人とのトラブルはよくあるでしょう。親しければ親しい分、かなり遠慮ない喧嘩があるでしょうし、それほど親しくない友人でも、ちょっとしたことで縁を切りたくなるくらい嫌な思いをすることもあります。

人間ですから、早合点《はやがてん》もあるでしょうし、誤解も頻繁《ひんぱん》にあるはず。それは人間らしいことでもあります。

大事なことは、何があろうとも、勝手な憶測《おくそく》は一切避け、まず本人と会って腹を割って本音《ほんね》でじっくり対話してみることです。

対話ですから、どちらかが一方的に話すのではなく、お互いコミュニケーションのキャッチボールをするのです。

問題が生じた友人との対話では、まず相手の言うことを聞いてあげましょう。

もし、自分の話を聞いてもらいたかったら、また本音《ほんね》で語りたかったら、相手の言い分を一生懸命聞いてあげることは必須《ひっす》です。場合によっては、友人たりとも誠心誠意謝るくらいの謙虚さが必要です。そのくらい、相手を立てるのです。

人間誰しも自分のことを一生懸命聞いてくれる人を好きになります。味方だと判断してくれます。それによって、自分をオープンにして、本音で語り始めるのです。よって対話の質が高まります。しっかり聞くことで、相手がこちらのことを好きになってくれるので、一段落したら、こちらの言い分や説得にも心を許してくれるでしょう。

私は米国にいた頃、難しいと言われる人をこのやり方で、随分と味方にし、親友やファンになってもらいました。

例えば米国のある組織のリーダーをしていた際、一番怖かったのは外の問題ではなく、内部から崩壊することでした。具体的には、コミュニケーション上の誤解から、メンバー間で争いが起こり、それが組織全体に波及していったのです。たった二人で始まったミスコミュニケーションや誤解が、あっと言う間に派閥を作り、組織全体が真っ二つに割れてしまったのです。

当初は本当に大したことではありま

せんでした。一方があいさつした際、他方が他の人と話をしていたので単に気づかなかっただけなのに、意図的に無視したと受け止め、それで火がつき、組織あげての大喧嘩になったのです。

　もちろん、そんな些細《ささい》なことで大事件に発展するからには、普段からその素地はできていました。ほとんどの場合、その理由は馬が合わないメンバー間でのコミュニケーション不足が原因。

　ですので、メンバー間で揉《も》めごとが始まった際、私はまず対立している両者と別々に会い、お互いの言い分を徹底して聞くようにしています。それも相手が「ああ～　言いたいことはすべて言った！」とか「言いたい放題言ったから、うっぷんが晴れた～」とスッキリするまで聞き手に徹します。

　よくよく聞いてみると対立している二人の意見や考え方は大して違いはありません。ちょっとした誤解や感情のもつれで悪い方に解釈しただけです。

　解決策は一つしかありません。相手の言うことを徹底して聞くこと。「話せばわかる」ということをよく聞きますが、私は、自らの体験から「徹底的に対話すれば必ずわかり合え解決できる」と、いつも言い切っています。やはり誠実な本音の対話こそが、人間関係の問題を解決するための鍵になるのです。

## 秘訣《ヒント》10

# 励ます

他人が問題を解決できるようにするために励ますことは、実は自分自身も問題解決するよう励ましているようなものなのです。

なぜかわかりますか?

他人に問題を解決するよう言っておきながら、自分はしないわけがいかなくなるからです。もし、「他人は他人、自分は自分」なんて思っていたら、偽善者になります。

**良心があれば、人を激励したら、同じように自分でやらないでいられません。ですから、誠実な人であれば、励ました相手に証明できるようがぜん頑張ります。**

**また、励ますことで、相手が元気になってやる気になってくれたら、とても嬉しいものです。その姿を見て、逆にこちらが力をもらえるのです。**

つまり、人を励ますという原因を積むことで、自分の問題を解決できる結果を生んでいます。これぞ「原因結果の法則」又は「因果《いんが》の理法」と呼ばれるもの。

人を励ますということがどれだけいい原因になっているかは、体験した人でないとわからないでしょう。

人を励まし続けることで、自分の問題を解決するためのやる気や大きなエネルギーをもらっているのです。

私は長年、人の相談に乗り励ますことに力を入れてきました。特に米国に二十年近くいた際、毎週土日は人の相談に乗っていました。

そのキッカケは、私が失意のどん底にあった時、ある婦人から言われた一言が転機となったからでした。

当時の私は、目標であった米国のビジネススクール（経営大学院）に留学をするため、渡米していました。しかし、受験した七校すべてに落ちてしまったのです。

人生をかけて一生懸命準備していただけに、落ち込んで途方に暮れていたところ、たまたま知り合ったドイツ系アメリカ人、ステファニー・テンジーさんに、こう言われたのです。

「人は一人で結果は出せないものよ。励ましてくれる人がいないなら、まずはあなたが誰かを励ましなさい。そうすれば必ずあなたを元気にしてくれるから！」

そこで言われた通り、人の相談に乗り始めたのです。そしたらどうでしょう！　夢にまで見た、入りたい会社に入れ、行きたいビジネススクールに行けたのです。

ステファニーさんの言う通り、人を励ましているうちに、「自分の夢も何でも実現させるぞ！」と決意・実行するだけのパワーを逆にもらえたのです。つまり、自分が成果を出すことで、悩んでいる人にもやればできることを証明したくなったからなのです。

昔から大義名分のためには、とてつもない力が湧いてくるよう、人間はできているようです。

## 秘訣《ヒント》10のポイント

人を激励することで、自分も同じように行動するようになる

人を励まし元気にすることで逆に問題解決への力をもらえる

秘訣《ヒント》 11

# 共に決意をする

問題を解決するためには、まず乗り越えること、すなわち解決することを決意しなければなりません。前項のように人の相談に乗ると、それができやすいから不思議です。でも、よくよく考えてみると、当たり前で、論理的に説明できます。

**人の相談に乗ることで、相手を激励する。激励する中で、相手に問題を乗り越えるよう決意させると同時に、その勢いで自分も自らの問**

題を解決するよう決意する。

このパターンで結局、相手に相談に乗っているはずの自分も共に決意することになるのです。

私も、相手を激励することで、少しでもその人の役に立っているかと思うと、嬉しくなってやる気がどんどん出てきます。

「もっと激励できるよう、自分も頑張らなきゃ！」と。

こうやって、お互い一緒に決意することで、一人で問題と格闘することの孤独感がなくなり、同志として深い絆で結ばれます。

人間とは面白いもので、自分のことを理解し応援してくれている人がいると、凄く頑張れるようになるものです。その理解者が、例えたった一人でも、です。

ですので、自分のことを理解し応援してくれる人が増えると、どん

## 11　共に決意をする

どん力が湧いてきます。

「たくさんの人が応援してくれているんだから、期待に応えるため、ダメでもいいから一生懸命やり抜こう！」という具合に、です。

スポーツの世界ではこれが如実に表れます。

選手に聞くと、多くのファンが応援してくれればくれるほど、体調が悪くても、信じられないような力が湧いて、奇跡的な結果も出せたりするそうです。

**一緒に決意することでいいのは、同志愛が芽生《めば》えること。自分だけ止《や》めたり逃げたりしない強靭《きょうじん》な思いが宿るのです。皆さんも経験済みかも知れませんが、それだけ人というのは、同志ができると頑張れるものなのです。**

従って、大いに人を激励し、どんどん同志を増やしていきましょう！

人生の最期《さいご》に振り返った時、あなたの最高の財産になっていることが実感できるでしょう。

秘訣《ヒント》11のポイント

共に決意し頑張れる同志を作り、その中に身を置く

励まし合える同志が増えれば増えるほど、頑張る力も倍加する

秘訣《ヒント》

# 12

# やるべきことをすべてリストアップする

問題解決の決意をしたのなら、後はやるだけですが、何をするかが大事になります。

体験的に、自信を持って推薦できることがあります。それは、**問題解決に向けてやるべきことをすべてリストアップし、一つひとつ全力で一挙にやってしまうことです。**

ポイントは一挙にやること。勢いをつけて一挙にやらないと、嫌になって投げ出してしまう可能性が大です。何事も大変なことは一挙にするとできてしまうもの。何が解決策かを延々《えんえん》と考え込むより、まずやるべきことをリストアップするのです。

そして、その中で優先順位を決めて、どんどんやっていった方が、解決できる可能性はかなり高くなります。

どうせ長く考えてやったとしても、複雑で不確実なこの現代において、最初から一発で解決できる妙案や方法などありません。

たまたまやったら、上手くいったというケースはありますが、それとて、まずやってみたから結果が出たのです。

考えているだけでは、何の原因にもなりませんので、解決という結果が出る確率は0％なのです。

リストでは解決策になりそうだと考えられるすべての方法を書き出

してみてください。実行するのに時間がかかるものも必ず入れてください。

最初に時間がかかると思っても、やってみると、意外に速くできることは往々にしてあります。やっているうちに、どんどんスピードが速まって、アッと言う間にできたということも、私は数え切れないくらい体験してきました。

要は、リストを作ること。そして、その一つひとつを夢中になってやっていくのです。それも一挙に立て続けに。

楽をしようとして、大変そうなことをリストしないような手抜きをしないでください。

大変そうなことほど、実行できたら大きな成果につながるのです。

**私は、問題解決用のリストを作ったら、大変そうなことからやるよ**

うにしています。なぜなら、後回しにすると、元々大変そうですから、段々やる気力がなくなってくるからです。そして、大変そうなことをしなかったことが、問題悪化の最大原因になっていることが多いのです。

ですから、大変そうなことからする方が、問題解決において効果・効率がいいのです。

秘訣《ヒント》12のポイント

問題解決に向け、やるべきことをリストアップする

リストアップしたことの中で一番大変なものから実行する

時間がたつほどやる気は低減。やるべきことは一挙に行う

秘訣《ヒント》

13

# 決意したことを徹底的にやり抜く

問題を解決することを決め、やるべきことをすべてリストアップしたら、後はリストしたことを実行するだけです。

でも、この単純そうに聞こえる「ただ実行する」ことがとても難しい。やろうとすると色々雑念が出てきて、考えてしまうので。

成果を出すためには、決めたことは夢中になって徹底的にやらなければなりません。つまり、一度やるべきことをリストにしてやると決めたら、無心になって結果が出るまで一つひとつをやり続けるのです。

これが意外に難しいのです。特に頭がいい人にとってはです。

なぜなら、頭がいい人はすぐに先を読もうとするので。

例えば、やり始めて、成功する確率が低いとわかると、頭がいい人は「当たって砕《くだ》けろ！」という破れかぶれの精神がありませんから、すぐに止《や》めてしまうのです。

そんなことで、途中で止めるため、せっかく成果が出る可能性があっても、その可能性を０％にしてしまいます。

**どうせ始めたのなら、致命的《ちめいてき》なダメージを得る場合を除き、リストにしたことはすべて最後まで一挙にやり抜くことが大事です。最後までやり抜かなければ、最終の結果がわかりませんから。**

つまり、途中どんな困難に直面しても、結果は最後の最後までわかりません。ですから、一度やり始めたら、最後までやり抜くことが必《ひっ》須《す》なのです。

**やり抜くことが、問題を解決できる鍵となります。**

**逆にやり抜かなければ、どれが本当の解決策になるのか、ずっとわからないままでいます。ということは、一生問題を解決できないでいることになるのです。**

成果を出してきた人、成功した人は、例外なく最後までやり抜いてきました。彼らは、「やり抜くことの達人」と言ってもいいでしょう。

秘訣《ヒント》13のポイント

頭のいい人ほど、先を読むため、止《や》めてしまうケースが多い

リストアップしたことは致命的《ちめいてき》ダメージを受ける場合を除き最後までやる

やり抜くことで本当の問題点・解決策がわかる

コラム よくある実践問題のために④

# 問題のリストアップで乗り越える職場の人間関係

私はよく人生相談に乗りますが、その中で圧倒的に多いのが、職場での人間関係にまつわることです。

上司と上手くいかない、部下が言うことを聞いてくれない、同僚達となじめないといったものばかり。酷《ひど》いものになると、いじめ、セクハラ、パワハラなどがあります。

「仕事は戦い、職場は道場、一歩外に出たら、そこは戦場」

信条として講演などでよく言っている私の口癖です。

職場での人間関係では、自分が改めなければならない場合と自分ではどうしようもない場合があります。

自分が悪い場合は、言動に問題があるので、そこから変えていかなければなりません。通常、自分では何が問題かわからないですので、素直に謙虚に周りにいる上司や同僚に意見やアドバイスを求めるべきでしょう。

　そして、言動の改善リストを作り、絶えずリストを見て、一つひとつ徹底して変えていくのです。

　なかなか一度にすべてを変えることは難しいでしょうから、できれば、毎日改善のための重点項目を決め、一つひとつ意識して変えていく努力をしたらいいと思います。現実に私自身はそうやって改善してきました。時間はかかりましたが、地道な努力によって変えられることは体験できましたので、自信を持ってお勧めできます。

　職場での人間関係の問題で、自分ではどうしようもないものがある場合、社内外での信頼できる、上司を含めた人生の先輩に相談すべきです。

　会社によっては、セクハラが横行していたり、横暴な社長による軍隊的な組織になってしまっているところもあります。そんな組織になっていれば、一人ではどうすることもできないでしょうから、変な正義感で会社と戦うより、辞《や》めることも賢明な選択です。

　先日も上司が美人秘書に強姦《ごうかん》まがいなことをしたり、社長が営業成績が上がらない部下に殴る蹴るの暴行を働いたケースの相談がありました。

すぐさま会社を辞めて、警察や弁護士に相談するようアドバイスさせていただきました。

私に相談しなかったら、しばらく我慢して同じようなことをされ続けていたのかと思うと、ぞっとしました。

# 第三章

# 解決力を高めるための言動

秘訣《ヒント》

# 14

# 早起きで頭すっきりと

問題解決力を高めるためには、頭をすっきりさせておく必要があります。頭が混乱していたり、疲れていたりしたら、解決に必要な集中力がないので、考えても時間の無駄になります。

そんな状態で無理して考えたところで、かえって判断ミスをして、失敗の原因を作ることになるでしょう。

頭がすっきりしているのは早朝です。一日のうちで最も頭がすっきりとし、回転も速い時間帯なのです。

ですから、早起きをして問題解決の時間に使えば、成果も出やすくなりますし、とても効果的です。

私の場合、問題解決策を考えるのみならず、頭を使う作業をできるだけ早朝にするようにしています。

特に、創造的な仕事や深く考えないとできない作業は、早朝以外にやろうとしても難しい。既に頭の中がごちゃごちゃしていて、思考能力がかなり下がっていますので。集中力が落ちていることも手伝ってか、いいアイディアや企画もなかなか浮かびません。

遅くなればなるほど、その日一日の様々な情報や雑念が、頭の中にインプットされていますから、それら情報や雑念で、頭の中の記憶や思考スペースを奪うのでしょう。

いずれにしても、そんなことから、問題が難しければ難しい程、頭がすっきりしている早朝に考えるべきでしょう。そのためには、まず早起きをすることが大前提。

私は頻繁《ひんぱん》に言われます。

「複数の会社経営とコンサルタント業をしながら、よく七年間で百冊の本を書けましたね!?」と。

その時、同じ返事をします。

「書く作業は一日の中で時間ができた時にしますが、一番時間と頭を使う企画立案やアイディア構築は、朝でしかできないので、朝の時間をとても大事にしています」

企画やアイディアだけではありません。**難問中の難問の解決方法の考案は、早朝でしかしません。考えて考えて考え抜かなければならな**

いからです。少しでも雑念があると、画期的な方法はなかなか浮かばないものです。読者の皆さんも、ぜひ試してみてください。これはやり続けてみないとわからないでしょう。

秘訣《ヒント》14のポイント

問題解決のためには常に頭をすっきりさせておく

創造力・思考力が最も高い午前中に深く考える

秘訣《ヒント》15

# 願い祈ることで執念を

意外と理解されていない問題解決力のポイントは、願い祈ることです。

なぜ、願い祈ることが大事なのでしょう?

それは、**願い祈り始めると「何が何でも解決するぞ!」という執念が出てくるからなのです。**

人間は理屈好きな動物ですが、それ以前に「感情の動物」なのです。

ですから、願い祈ることで執念が出てきて、強い思いや感情でもってがぜん頑張り始めるのです。

**願うこと、祈ることは、人間が持っている特権です。人間以外、動物含め他の生き物にはできないことですから。人間なら誰でもできるにもかかわらず、大多数の日本人は全然行っていません。**

一方、欧米人は、毎日の生活の中で、願い祈ることは普通です。宗教的な文化も手伝ってか、習慣化しています。物心がついた頃から、自然に身についています。

残念ながら、ほとんどの日本人においては、願い祈ることは、年末年始や受験など特殊な時でしかありません。その理由として考えられるとすれば、願い祈ることでの成果や感動を体験していないからなのでしょう。

私自身、願い祈ることで数々の難問を解決してきました。私は勉強が苦手な学生でしたが、高校受験、大学推薦、米国経営大学院（修士・博士課程）進学など、いくつもの壁を乗り越えてきました。また、英語も仕事もできなかったのにもかかわらず、公認会計士や弁護士等のプロフェッショナルスタッフが十万人以上いる世界最大級の経営コンサルティング会社の米国本社に、日本の大学を出たばかりで、プロフェッショナルスタッフとして採用されました。そこで二十八歳の最年少ディレクター（役員待遇）にまでしていただいたのは、私に能力や実力があったからではまったくありません。願い祈ったからです。

さらに小学生の頃から、読み書きが大の苦手だったのに、七年間で百冊以上本を出せたのも、強烈に願い祈ったからなのです。

その間様々な問題にぶち当たってきました。しかし、そのすべてを願い祈って乗り越えてきました。
自らの体験から、願い祈ること、そしてそれによって解決への執念を湧き出させることは、難問であればあるほど、解決上必要不可欠なことだと痛感します。

秘訣《ヒント》15のポイント

願うこと・祈ることは人間だけが持っている特権

願い・祈ることで問題解決への執念を高める

秘訣《ヒント》16

# 本物の人脈構築でアドバイスや支援を受ける

問題解決力を高めるためにとても有効な方法があります。それは、普段から様々な問題解決のためにアドバイスや支援をしてくれる人脈の構築を心して行うこと。

**人間一人の知識や経験には限りがあります。毎日様々な問題が起こりますが、とても一人の経験や知識では、理解や判断はできません。そんな時、各分野での経験・知識のある人達のネットワークを持って**

**いると、凄《すご》い戦力になります。**

私は、学生の頃から人脈作りに勤《いそ》しんできました。理由は簡単です。自分一人ではあまりにも能力・経験・知識がないため、様々な方からの支援やアドバイスをいただかないと、とてもとても社会ではやっていけないと痛感していたからです。

特に若い頃は、私の乏《とぼ》しい能力では、理解できないことばかり。問題が起きても理解できないのですから、解決どころではありません。

つまり、何が問題なのか、なぜ問題になるのか、どうして問題が起きるのか、どうやったら解決できるのか等々、まったく見当がつきません。

困ったり苦しんだりはしてはいるものの、何もわからず右往左往するばかり。

そんなどうしようもない自分を見て、もう人生の先輩方から教えを請《こ》い、助けてもらう以外、大げさではなく、私の生きる道はないと痛感したのです。ですから、アドバイスや支援いただける人生の先輩方との人脈構築に必死でした。

友人達は、私が「人脈作りの達人」だと思っている人が多いのですが、達人ではなく、私にとって人脈作りは、生きるための必須《ひっす》の行動だったのです。

秘訣《ヒント》16のポイント

人間一人の知識・経験には限りがある

多くの分野の人脈を作りアドバイスや支援を受ける

コラム　よくある実践問題のために⑤

# 就職は人生の一大事。あらゆる方法を駆使して万全の準備を

就職は人生にとって大事な転換期です。それもそのはず、就職先によってその後の人生が大きく左右されるからです。

やりたい仕事も、行きたい業界もわからないので、とりあえず有名企業に就職するという若者によく出会います。

いきなりこの業界でこの仕事がしたいと思っても、それがぴったりの会社で希望の職務につけることは、まずないでしょう。

したい仕事があっても、配属を決めるのは会社であり、通常人事部や担当管理職の人であるため、なかなか希望通りにはいきません。

新人であれば、むしろやりたくない大変な職務、例えば営業や雑用をやることになるのは、当たり前中の当たり

## コラム⑤ 就職は人生の一大事。あらゆる方法を駆使して万全の準備を

前。先輩方も皆それをやってきたのですから。自分だけ最初からやりたいことをやらせてもらおうなんて甘いことを考えていたら、すぐに問題児扱いされるでしょう。

就職の場合、一番のポイントは準備です。最終的に何をしたらいいのかわからなければ、とりあえずどこかで働いてみるのも手です。

ただ、その場合、一度入社したら、どこに配属になろうとも、またどんな職務が与えられようとも、とことんやり抜いてみるのです。それも一定期間以上。できれば「石の上にも三年」という先人の知恵通り、最低三年は。

しかし、就職する前にやれるだけの準備はするべきでしょう。

例えば、既に就職している先輩に相談することです。それも一人や二人ではありません。できるだけ多くの方々にお会いして様々な観点からアドバイスをもらうのがいいでしょう。

一生懸命準備してみて、ダメなら諦《あきら》めもつくでしょうし、前向きに次へと進めるでしょう。でも、中途半端に準備していたら、「もっとやれたのに……」と後悔することになります。

ですから、就職の準備は、限られた期間ではありますが、納得できるまでとことんやるべきです。全力でやり抜

くから将来のこと、自分のことが見えてくるものです。

何をやりたいのかわからず、進路が決まらない場合、とりあえず消去法で嫌いではない仕事を選んで一生懸命やってみることです。

一つのことを徹底してやれば、やりたいことや自分に向いていること、使命のあることが徐々にわかってきます。わからないのは、まだまだ全力でやっていない証拠なのです。

つまり、ものごとはとことんやれば、見えてくるのです。とことんやるということは、就職の場合、できるだけたくさんの情報を集め、知識や経験のある人と一人でも多く会って、アドバイスをもらうこと。普段気がつかないことをいっぱい教えてくれるでしょう。

秘訣《ヒント》

# 17

# 徹底した読書でヒントと知恵を

問題解決力は一朝一夕《いっちょういっせき》につきません。普段から物事に対する見識を高める努力をしていかないと、いつまで経っても、問題解決どころか、問題に苦しめられ、悩まされる人生が続くことでしょう。

人生の先輩にアドバイスや支援をもらう努力をする一方、自分自身も力をつけていかなければ、一生他人を頼りにしなければなりません。

私の経験から言わせていただくと、最も問題解決力がつく方法の一つは、徹底した読書だと思っています。それも、ただ読むのではなく、問題意識を絶えず持ちながら、「へー、こんな方法もあるんだ」「なるほど、この考え方は使えるなあ」とか「これは前提条件が間違っているから、結論も正しいとは言えないなあ」という具合に、本で得た知識やノウハウを、自らの生活に応用できないかどうかを考えながら読むのです。私はこれを「自問自答読書法」と名づけ、経営コンサルタントとして独立してから二十年以上続けています。

一人の経験は限られています。おそらく、ほとんどの人は、色々なことに挑戦し、一生を終えたとしても何十人分もの経験ができることはないでしょう。でも、たくさん本を読むと、多くの人の経験、知識、考え方、価値観、判断基準等々が学べ、生きる上での知恵がついていきます。

本の中で著者や主人公が様々な問題に直面し、解決していくわけですから、とても参考になります。

読めば読むほど、将来自分がぶち当たるであろう問題の解決のためのヒントや知恵を得られます。

**ポイントは、本で得た知識やノウハウを自分なりに、消化し応用できるように深く考えることです。つまり、自分が著者や主人公だったらどういう言動をするかを、できるだけ具体的に考える習慣をつけるのです。そうすることによって初めて、自分が置かれている環境で起きる、自分特有の問題を自分なりの視点で分析し、解決へと向かえるのです。**

秘訣《ヒント》17のポイント

読書の分だけ、何十人分もの経験ができる

読書で得た知識やノウハウを自分なりに応用し問題解決力を高める

自分が本の主人公になりきって、具体的に考える習慣をつける

# 秘訣《ヒント》18

# 師を持ち見習う

問題解決力をつける効果的な方法の一つは、師（その分野での先生）となる人を探し、その師を徹底的に見習い真似《まね》することです。師と仰《あお》ぐくらいですから、様々な面でかなり優れているはずです。逆にそういう優れた人を師に選ばなければなりません。

偉大な人ほど、遠い存在ですから、弟子にしてほしいとは、なかなか言うチャンスはないでしょう。そもそもそういう人は弟子をとっていません。

しかし、師となる人の承認を得る必要はまったくありません。勝手に弟子になればいいのです。もちろん、あなたの心の中だけですが。

**ポイントは、師と尊敬できる人の問題解決のケースを徹底して学ぶこと。できれば真似《まね》てみることです。**

**その時、単に真似するだけでなく、どうして師はその解決策を採用したのかをしっかり理解すること。**

それさえ理解しておけば、将来似たような問題が出てきた時に、一人で応用して解決できる可能性が高くなるのです。

私も勝手に人生の師と仰《あお》いでいる方の本を、それこそ体に染み込むが如《ごと》く何度も何度も読み、それで問題の受け止め方、分析の仕方、具体的な解決方法をこと細かに学びました。

その中で、一番参考になったのが、人生における様々な問題を解決した具体例でした。一人の人に起こる問題、特に難問は、実は明日は我が身の問題でもあるのです。同じ人間ですので、同様もしくは似たような問題は頻繁《ひんぱん》に起こります。

ですので、他人事で終わらせず、特に師の問題は自分の将来の問題と認識して、詳細を学び、どう師が乗り越えていったのかを、しっかり把握《はあく》し、同じように実践していきたいものです。

そういう意味では、師は、人生の諸問題を乗り越える上で、〝羅針《らしん》盤《ばん》〟となる有難い存在ですね。

## 秘訣《ヒント》18のポイント

師や尊敬できる人の問題解決への姿勢を学び真似《まね》る

真似だけでなく、どうして解決法を採用したのか考える

秘訣《ヒント》

# 19

# いつもポジティブな言動を

問題解決力をつける上で、基本中の基本となるのは、いつもポジティブ、つまり前向きな気持ちで問題に当たることです。どんなに難題でも悲壮《ひそう》感や焦燥《しょうそう》感のようなネガティブ、すなわち後向きな気持ちは排すべきです。でなければ、ついつい守りに入って思い切ったことができなくなり、失敗する原因を作ってしまいます。

問題解決には緻密《ちみつ》さと同時に、大胆《だいたん》さ、勢いが大事なのです。

私はいつも言います。

「もし、ネガティブな言動が問題解決に役立つのであれば、大いにネガティブに言動したらいい。しかし、実際には逆で、ネガティブな言動をすればするほど、ポジティブな手が打てなくなるため、問題は大きくなり、悪化、長期化する。だったら、ポジティブな言動をとった方が、問題解決の観点から、どれだけいい原因になるか」と。

私は経験上自信を持って断言できます。

**ポジティブな言動をしていると、前向きになれますから、速く問題を解決するだけのやる気とエネルギーが出てくるものです。問題解決には、方法も大事ですが、やる気とエネルギーはもっと大事。実行するために必要なパワーを得ますので。**

ですから、問題解決力をつける意味でも、ポジティブな言動は必須《ひっす》なのです。

私の会社でも毎日問題の山です。しかし、不思議なもので、私がポジティブな言動をしていると、周りのスタッフにその自信や余裕が乗り移り、自然と彼らが私の代わりに問題に当たり、解決に向けて頑張ってくれるのです。

そのお陰で各人の責任感が深まり、経験も積めることになりますので、人材がどんどん育ってくれる。

たった私がポジティブな言動をしただけで、周りが盛り上がり、頑張り始める。私はこれをリーダーの「ポジティブ・パワー」と名づけています。ネガティブな言動をする社長さんに出会ったら、ネガティブな言動を一切排し、ポジティブな言動に徹することをお願いしています。そしたら、例外なく会社は良くなるので。

秘訣《ヒント》19のポイント

問題解決には、やる気とエネルギーが必須《ひっす》

ポジティブな言動で前向きに素早く実行する

秘訣《ヒント》

# 20

# 絶え間ない問題意識を

私はよく驚かされることがあります。第三者から見て、明らかに大問題であるのに、当の本人はまったく気づいていない。もしくは、気づいていても、あまり重要視していないからです。

それで問題を指摘しても、「何が問題なのですか？」と言わんばかりの反応。どうしてこんなことが起こるかわかりますか？

答えは一つ。絶え間ない問題意識を持っていないからです。

問題は、問題意識のない人にはわかりません。そもそも、問題と思えませんから。また、問題のない人もいなければ、組織もありません。どんな人でも、どんな組織でも、解決すべき問題は必ず存在します。従って、問題がないと思っている人や組織こそ、大問題なのです。

**問題意識のある人は、鋭い観察力で積極的に問題を探します。ですので、問題を早期発見できます。早期ですから、着手すれば解決も簡単で速い。問題は放っておけばおくだけ、複雑化、深刻化、悪化、巨大化します。解決の観点から見たら、病気と同じでできるだけ早く発見し、対応した方が有利であり、効果的なのです。**

私のビジネスパートナーに日本を代表する経営者がいます。とても有名な方ですので、ここではあえて名前は伏せます。

創業して三十年ですが、彼の会社は子会社、関係会社を含めた連結ベースで、売上一兆円以上、社員数一万人を超えるほど急成長しました。そんな大きな会社になったにもかかわらず、彼は各社に問題が起きる前から、その問題を把握《はあく》してしまいます。なぜでしょう?

彼は絶え間ない問題意識を持って、できるだけの時間を使い、各社の社員と接しているのです。その接する中で、その絶え間ない問題意識で、些細《ささい》な変化を見逃さず、問題に発展する前に、手を打ちます。

関係者は最初は何の問題でもないのに、なぜ彼が大騒ぎして、対応策を打ち始めるのか理解できないのですが、後になってそれが大問題に発展したかも知れなかったことに気づくのです。

絶え間ない問題意識を持った人がリーダーに一人いるだけで、組織が救われることが往々にしてあることを、私も経営者の端くれとして何度も経験してきました。

## 秘訣《ヒント》18のポイント

問題意識のある人は、積極的に問題を見つけようとする

常に問題意識を持つことで、早く問題を発見し対応する

問題を放っておくと、問題は複雑化・深刻化・悪化・巨大化する

# あとがき

本を出版するという作業は、とても面白いものです。ちょうど、子供を生み育て、社会に送り出すようなものではないでしょうか。

難産（苦労したネタ）だったけど、将来大丈夫かなあ？
いい名前（タイトル）になったかなあ？
しっかり育った（書けた）かなあ？
社会（読者）に理解され、役立つかなあ？

そうです。まるで子育てなのです。

この子（本）は、有名大学を出て有名企業に勤めるような、エリートになってもらうために育てた（作った）ものではありません。

それこそ、松下幸之助氏のように、小学校中退でも、庶民でありながら、社会（読者）に貢献できる人物（本）になってもらいたいとの願いで書きました。

どれだけその願いが通じたのか、社会（読者）からの判断を仰ぎたいと思っています。

特に、「生きる上での日々の問題をどう乗り越えていくのか」という重いテーマでの本書は、今までと違い、執筆するのにかなり葛藤と格闘を繰り返してしまいました。それだけ真剣（大げさには命を削る思いで）に書いたことをご理解いただければ幸いです。

本書で一人でも多くの読者が、直面している問題を解決できるきっかけになれば、著者としてこれ以上の喜びはございません。
成功を心よりお祈り申し上げます。

二〇一三年一月

浜口直太

[ 著者略歴 ]
浜口直太（はまぐち・なおた）
1960年生まれ、兵庫県出身、東京在住。米国テキサス大学経営大学院修了（MBA取得）。在学中に、国際経営コンサルタントとして活躍。株式会社ＪＣＩ、Ｍｕｓｕｂｕ Ｄｉｎｉｎｇ株式会社、株式会社Ｓｂａｒｒｏ Ｊａｐａｎの創業者・会長。外食事業を主に展開しながら、コンサルタントとして組織研修のほか、個人向けセミナー、勉強会等も行う。今までに、1,200億円以上の資金調達と50社以上の上場を支援。また、ビジネス作家として、執筆100冊以上、発行300万部以上の実績がある。『あたりまえだけどなかなかできない仕事のルール』は28万部を突破。
●連絡先：株式会社ＪＣＩ　e-mail: nate@jci-inc.com
●浜口直太ホームページ：http://hamaguchinaota.com/
●浜口直太オフィシャルブログ：http://ameblo.jp/hamaguchi/

解決力を高める20の秘訣《ヒント》

2013年2月5日　初版第1刷発行

著　者　浜口直太《はまぐちなおた》
発行者　大島光明
発行所　株式会社 第三文明社
東京都新宿区新宿1-23-5
郵便番号　160-0022
電話番号　03-5269-7154（編集代表）
03-5269-7145（営業代表）
振替口座　00150-3-117823
URL http://www.daisanbunmei.co.jp

印刷所／製本所　藤原印刷株式会社


ISBN978-4-476-03320-5